당신은 A형 나는 BB형

홍서연 시집

시인동네 시인선 270

홍서연 시집

당신은 A형 나는 BB형

시인동네

시인의 말

침묵으로 평생을 헤맸다.

비, 바람, 햇빛, 먼지
겹겹

차라리 철학자의 농담에
귀 기울였다면

덜 돌아
여기 당도했을까.

2026년 1월
홍서연

차례

제2부

제3부

제1부

그냥 지나갑니다

망부석이 되지 말라고 당신은 떠나갔습니다

한참을 궁리하다 그만,
가장 환한 꽃나무 아래 돌이 되고 말았습니다

사과가 애플이라면 애플도 사과일까요

누군가는 애플을 열고
누군가는 애플을 열기 위해 돌을 깬다

본사는 주문을 넣고 콩고민주공화국의 아이들은 서둘러 광
산으로 간다

한 조각을 더 깨기 위해서

망치를 들면
사과의 귀에 울리는 타닥타닥
갱도 속에는 작은 빛 하나

어린 광부가 내리친 곳에서
와르르 쏟아지는 사과

코발트를 오래 들여다보면 눈이 먼다

사과는 애플인데

애플은 왜 사과가 될 수 없을까

벌레 먹은
나라,
그곳엔 너덜거리는 꽃들이 수두룩하다

어쩌다 염색

지구는 추웠다 어두워지기를 반복했어요

설빙기와 블루블랙의 우연 찾기

해저의 화산
최초의 탄생이 탄생하던 곳

올챙이가 방울방울 떠올라요
착하게 뒤척이는 웅덩이를 의심해요

처음이 되는 경우는 있어도 지속적으로 필요한 것은 아니죠
물방울 속엔 보이지 않는 거울이 있거든요

부딪히고 겹치고 공기에 찔려야 완성되는
원소처럼
얼룩처럼

친구 머리 염색하기

지금부터 실기에 집중해요 구멍 난 장갑 미리 버려요
장소 특성 고려하고 한눈파는 건 필수
진행이 걷잡을 수 없이 빠를 거예요

지나간 시간 다 볼우물에 담아요 소용될 때까지 우적우적 씹다가 미끄러지는 것들은 버려요 금 간 브러시를 삼키고 그 자리에 구름 씨앗 심어요 말풍선 정도의 산소만 남겨두고 언어가 부족하면 불량한 눈물 몇 방울 떨궈요

끓어오를 때를 기다려요

아뿔싸!
염모제가 벌써 산란을 시작했군요 머리카락 가시층을 파랑으로 문질러요

모든 색은 태양의 특허,
20년이 훨씬 지났는걸요 정직하게 훔쳐요

—차라리 모래 미용실로 갈까요

서늘한 맑음

탄생이 물든 그곳으로부터

다시 염색하기

새벽에 읽은 책

음악이 흐릅니다
수면안대는 따뜻합니다
하프의 혈을 누르면
검은 연미복을 입은 나방이 날아오릅니다

황량한 들판을 헤매고
가문비나무의 곱슬머리 밤새 풀다
생명보험 수당으로 계단 몇 칸 허물다 다시 짓기를 되풀이하고
결국 벼랑에서 악을 쓰다 깨어납니다

왜 자꾸만 길을 잃을까요

녹아내린 밤하늘
다시 돌아올 수 없는 궤도를 벗어나요

하프의 날개 만져본 적 있나요

연립주택
없는 3층 계단

손가락 접어 하나 둘 셋 숫자를 세는 사람이 서 있습니다
아빠는 담배를 피우고 아이 둘은 기어오릅니다

어떤 고통을 느리게 생각하면 뇌 속에 말라붙은 물집 크기가 처음보다 더 악랄하게 부풀어 오르죠

루저의 습관은 가여운 기질입니다
그것은 가볍고

움켜쥔 손목 속에서 들리는 벨소리
두꺼운 얼굴을 위한 컬러링

변기에 앉아야 시가 쓰이는 시인이 있습니다

개성과 의지와 무의식 사이에 출렁이는 나비

우리는 교집합을 만들 수 있을까요

어제는 변기통 뒤에 숨겨둔 시집을 꺼내 읽었습니다
좋은 시는 차라리 낯을 가려 버렸다죠

두 개의 하프 사이
음악은 계속 흐르고
궤도를 벗어난 리듬은 돌아오지 않습니다

나와 숲은 축축해져 태어납니다

저녁은 걸어서

해가 지면
제 집을 거두어들이는 대문
지나간 자리마다
다시 태어나는 마당

가느다란 다리로 성큼성큼 저녁을 걸어 다니는 사람

화장실로 들고 간 잠옷
외출복 위에 걸치고 티브이 앞에서
뜬금없다

해안 절벽 휘몰아치는 눈보라
어린 세가락갈매기를 낭떠러지로 떠밀던
여자의 눈 속으로 사라진다

남자의 허벅지에 깊이 박힌 어둠
거미줄에 걸린 새
눈물을 삼키는 가로수

이쁘다
싫다

견딜 수 없는 날
여자는 이파리 뒤로 숨는다

고요하고 차분하다
백일홍 문양으로 바른 벽마다
거미가 줄을 친다

꽃잎을 좇아 지상에 밧줄 하나 내린다

아득한 절벽 하나
태어난다

숨

오를수록
나는 발소리가 되어간다

수십억 년 전부터 투명한 세 시
잊어야 볼 수 있는 곳이 절벽이겠다

시간과 공간이 섞여 바위를 만들었다
그때 지구에 막 도착한 햇살 몇 줄기가 슬쩍 내려온다

오랫동안 재단한 절리를 보면
절벽을 사랑한 새들이 떠오른다

바닥없는 곳만 딛는
절벽

프리솔로는 가파른 언어를 이해하지 못했을까
돌부리를 살피며 쓸쓸을 기어오르는 손
그의 등 뒤에는 중력이 없다

마당바위를 지나 수락산으로 접어든 계곡
큰 보폭으로 놓인 갈비뼈와 두개골

아득한
꽃이 피었다

나는 발로부터 오래 추락하겠다

행간을 읽어가듯

손님은 시인이고
상담은 시의 주제가 되고

가뭄에 줄어든 댐
홍수 때 물 높이를 떠올린다

콘크리트 농담에 따라
가뭄을 읽어내듯 너를 살핀다

선명한 이미지가 떠오르지 않는 상담

비평 대상인 가발
난해한 인문학이 앉아 있다

아마도

악을 썼다는 이유
멍해졌다는 이유
막연해졌다는 이유

그 이유를 알았다는 것은 사랑에도 살의가 있음을 몰랐다는 거다

눈에 띄지 않던 나뭇잎이 사소한 바람에 흔들린다
한강 잠실철교가 생각난다

교미 후 수컷을 뜯어먹는 암사마귀의 간절함
가식 없는 사랑이었다는 거다

잘 지내란 말은, 건강하란 말은, 행복하란 말은

다른 사랑이 전하는 건조한 진심일 거다

폐기 직전 자본주의처럼

나는 리본벌레를 키운다

저기 여자의 손가락을 자세히 봐 그래 맞아! 네가 훔쳐 간 지문이지 박살 난 빗살무늬 선명한 조각이 긁어낸 심장의 선혈만이 다시 그려 넣을 수 있는 생인손 같은 여자의 시간 네 손가락에 끼워 봐

다섯째 그림자는 손가락을 길게 뻗는다 유월, 극지보다 더한 불모의 세계를 살아가는 사람도 있다

네 턱 밑에 얼굴을 들이대고 말했지 무조건 네 편이야 난 오빠가 시키는 대로 할 거야 웃다가 갑자기 우는 건 나에게는 너무나 쉬운 극단

조건이 충분하잖아

그래 말해 봐
숨바꼭질처럼 숨지만 말고
알고 있는 것을 밝혀야지

본디 우울은 어둠과 낮 사이에서 자란다

그곳이 어디든지 들어간다 장롱과 바닥, 침대와 커버, 아침마다 펼쳐지는 누런 장부 속, 더께가 내려앉은 푸른 약속 폐허가 된 한숨을 향한 리본벌레의 맑은 빨판

판과 판에 흙먼지를 치밀하게 감춘다

모서리마다 끓어내는 몸뚱어리
안으로 터지는 비눗방울

불빛을 잃어가는 선향(線香)의 재처럼

다섯째 바람을 핥고 있다

과일만 먹는 새가 있다

안데스산맥 봉우리들 얼음 장벽이 아타카마사막을 낳았다 트리스테리스는 세상에서 가장 건조한 땅에 제 일생을 설계한다 최대한 아름다운 꽃을 피우는 것과 우주에 눈알을 많이 퍼뜨리는 것

과일만 먹는 새가 있다 신은 그 새에게 특권을 주었다

고슴도치선인장 가시에 떨어진 새똥은 훗날 트리스테릭스로 자라나 도둑이 된다 선인장이 트리스테릭스의 은밀한 설계를 안다는 건 어느 시인의 비밀이라 해두자

도둑은 며칠째 인터넷 서핑 중이다 단장을 시작했다 향기나는 수사(修辭)를 쉬지 않고 연습했다

구름이 가끔 건기의 피부 속으로 흘러들어 물결을 이루는 날, 마음을 빼앗긴 새는 도둑을 덥석 삼켰다 내장으로 들어간 트리스테릭스 열매의 일대기는 지금부터

도둑은 미끄럼 타듯 창자까지 내려가 똥으로 배설된다 가시는 놀라지 않는다 사막 초록 가운을 찢어서는 안 된다 선인장 표면에 점프하는 타이밍을 놓치는 순간 일장춘몽은 공공연한 비밀

사막에서 물 한 방울은 시인의 초고. 길을 낼 줄 알아야 한다 단단해져야 한다 때론 선인장의 껍질에 시를 쓰자, 어디선가 날아온

벌새 트리스테릭스

앉는다

꽃에

이. 꽃.

은. 누구.

의. 꽃인지.

꽃. 의 꽃인지.

벌새. 의 꽃인지.

열매. 의 꽃인지.

내장. 의 꽃인지.

싼 똥. 의 꽃인지.

가시. 의 꽃인지.

선인장. 의 꽃인지.

어린싹. 의 꽃인지.

멀리서. 날아온. 사막. 의 꽃인지.

반응은 무심해도 좋다

1년을 서핑만 하고 있는 트릭스테렉스
공생〉기생〉그리고〉도둑

자동화된 본능
과학은 무르익는다

마른 가시로 시를 쓴다

클림트는 키스만 하나?

감을 깎았다
반으로 자르려 했다

문득 걸리는 것이 있다

아무리 예감을 믿으며 걸어도
건널 수 없는 누군가 있다

발목 잡힌
키스

휘발

흘러가는 계단이거나
몇억 년 전부터 나를 지나가는 유성이거나

종합병원 에스컬레이터
묵묵히 올라가고 올라가고

영혼을 쥐어짜는 늙은 그림자
어린 팔목에 피어 있는 링거

대지와 영혼을 이어주는
사이프러스 나무

오후 3시 17분

연기가 온몸을 맴돈다
그렇게 풀어놓은 자욱한 의심

그래봤자 갇힌 세계

휘발되고

붉은 발톱과 번득이는 이빨만 남는다

열차가 내 몸속을 돌고 있다

문상 버스

12월 하순
우리 사이에 거짓이 태어나고 있었다

척. 척. 척.
초점 없는 사진들
한랭전선이 몰고 온 유령은 찍히지 않았다

발톱에 실 한 땀이 걸렸다
시베리아 호수가 버스 안으로 들이쳤다
놀란 의자가 미끄러졌다
불편해지고 백지들이 자리에 앉는다

돌아갈 문장과 돌아올 문장을 쏟아냈다
휘몰아쳤다 찬바람 틈으로
어린 별. 별. 별. 별. 태어났다

뒤섞인 문장들을 다독여 그의 옆자리에 올려놓았다

그 옆자리에는.

이미.

그믐달처럼.

잘.

삭은.

칼바람 맞아. 모서리를. 잃은.

무덤처럼. 수북한.

바닥이 없었다

엔진을 점화한 누리호가 날아가고 있었다

버리지 못한 발음이 일어났다

버스는 종착지로 달렸다

PM 10시 37분

검침원

덕릉동 1번지에서 300번지까지

잘 잠그세요,
천국도 좋지만 오래 사셔야죠

검침에 검침은 쌓이기만 하고

시큰둥한 골목의 언덕
몸을 웅크린 검은 고양이

무심한 계량기를 따라
지구는 돌고 도는데

아픈 무릎을 꼭 끌어안고
오지 않는 너를 기다리네

삼천리 도시가스 검침원 김혜자 씨

가발과 중력

가발은 햇볕이 들어오면 죽는다
어두워야 드러나요

어둠은 중력이지요

중력은 벗겨지지 않는 가발
가발은 벗겨지는 중력

머리가죽은 어두운 뇌에 달라붙어 있다

가발은 블랙홀을 빙빙 돌고

산산조각

난간에 앉은 겨울 지빠귀가
꼬리를 아래위로 두어 번 흔들더니 균형을 잡는다

설거지를 하다 그릇을 놓쳤다
깨진 조각에 피가 흘렀다

새는 불안을 닮았다

제자리에서 종종 걷는 시늉을 하다
날아간다 획, 창틀 안인가 창틀 밖인가
새인 것도 같고 낙엽인 것도 같고
새는 부리 속 기침을 쪼아댄다

따듯하지 않다 새도 나도

나는 꼬리를 내린다 아래위로 흔들어 자세를 잡는다
개수대 속에서 날아다닌다

무너뜨려야 할 아침이 있다

저 그릇은 약을 모색하기 위해 몸을 숙인다

하수구는 교활하고 정교하다
나이테를 수도에 띄운다
엉킨 거품은 풀리지 않는다

나무 하나가 통째로 휘청거릴 때
우수수 쏟아지는
겨울
지빠귀들

가두리

기온이 더 오르기 전에
빠져나가야 하는데

우리가 우리를 가두고 있다

열흘째 폭염

공복 중인 하늘은 위험하다

더 마르기 전에
서둘러 떠나야 하는데

완벽한 감옥이다

싱싱한 줄 알고 살아간다

제2부

오늘도 서커스

전동자전거는
사람이 다니는 인도
자전거가 다니는 전용도로
자동차가 다니는 차도
—— - ——- - - - - -> 어느 길이든 다닐 수 있습니다
다만 속도에 따라
사람이었다가
오토바이였다가
자동차가 되기도 합니다

리미트* 풀었냐고 묻는 선한 선배
대한민국에서 안 되는 게 없다고 하는 말에서
번뜩이는 입술을 보았습니다

불행은 꽃잎과만 상의할 수 있는 거 아닌가요

---

* 리미트: 25km 넘으면 모터가 작동을 멈추게 하는 기능.

YH 노동자의 가발공장

가발에 머리카락 심는 소녀들

머리가죽 머리가죽 머리가죽에 현장의 겨울을 심는 손
머리가죽 머리가죽 머리가죽에 계장이 건넨 설명서 심는 손
머리가죽 머리가죽 머리가죽에 노란 플라스틱 컬을 만 손
머리가죽 머리가죽 머리가죽에 아무것도 아닌 듯 심는 손
머리가죽 머리가죽 머리가죽에 먼지를 심는 손
머리가죽 머리가죽 머리가죽에 뾰족하게 자라는 유리를 심는 손
머리가죽 머리가죽 머리가죽에 머리카락을 쓰다듬는 손
머리가죽 머리가죽 머리가죽에 한 올 한 올 선적 날짜를 심는 손

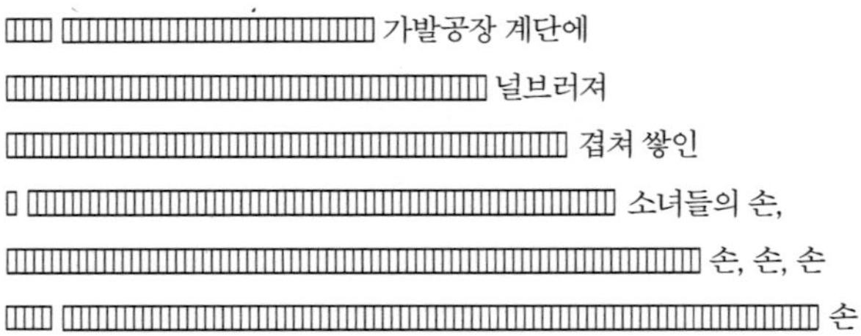

머리가죽 머리가죽 머리가죽에 철야가 창백하게 골지는 손
머리가죽 머리가죽 머리가죽에 바늘에 찔려 꽃망울이 터지는 손
머리가죽 머리가죽 머리가죽에 경찰에 짓밟혀 뭉개진 김경숙의 손

흑백 포인세티아

기억해요 엄마언니?
햇볕 가득한 날 그늘을 가리고 대문을 닫았지요

당신은 A형 나는 BB형

고치에서 나온 나방을 다시 고치 안으로 집어넣는 장면을 봤어요

당신의 유언을 유행가 후렴처럼 반복하는 동안
텔레비전 속 장례식장
울 수도 없는 너는
서슬 퍼런 칼날 위에 서 있어요
쓰윽 살 속을 긋고 가요

가식과 기만, 호응과 부추김, 유산에 닦긴 혀, 몸 안에서 녹아내릴 납덩어리, 자석의 없는 극, 당신의 목에 걸린 돌멩이

포인세티아

당신은 A형 나는 BB형

수요일은 심리 상담 받으러 가는 날
책상 위에 인형을 올려놓고 하고 싶은 말을 하래요

—왜 그랬어
니체와 부처와 지인에게 비수를 날리는 혀
저열한 우주에서 추락한 벨레로폰의 오만

아프지 않을 거예요
자승자박인걸요
사악한 생각부터 태워요

부피 줄이며 겹겹이 달라붙은 곡소리

포인세티아
당신은 A형 나는 BB형

겁내지 말고 주위를 살펴요 눈이 멀고 절름발이가 되어도 영혼의 고통은 지워지지 않아요 당신의 속을 뻔히 알고 있지만 말을 안 할 뿐이래요 이제야 철학자의 농담을 이해하다니

눈을 감는 편이 낫겠어요

나는 고독이 의심되는 내담자
미더운 이름이 떠오르지 않아요

저승이 이처럼 단순할 수 있다니

플래시가 터져요
상담 결과

당신은 A형 나는 BB형

봉급 다음 날

어김없이 사람들이 찾아왔다

창밖 노란 대문이 한눈에 보이는 으슥한 자리에 앉아 있던 준희는 서울 양품점 김 사장 얼굴이 대문을 넘는 순간, 뒷문으로 사라졌다 송아지 싸리문 박차고 밖으로 나가듯 튀어 나갔다

잠시 후 돌아와 수제를 뜨기 시작했다

하얀 밤

바늘 코로 오로라를 심어요
며칠 전부터 3층엔 백야가 들어왔어요

한겨울인데 아차산 정상에 꽃이 피었어요

오로라는 백야의 위험한 오더

자주 게걸스러운 약속도 하죠 하지만 누가 감히 이러쿵저러쿵 말하겠어요
무관해요
다만 잠정적 시간은 벽돌의 것일 뿐

백야는 극야의 앞면일까 뒷면일까
사장님은 아직도 밤낮을 구분하냐고 구름 한 뭉치 천장에 달아놓아요

휘몰아쳐요 체계적이죠
얼음

눈

감시와 처벌

어린 그림자
의지도 의식도 없이 밟아요

너무 똑같아
발톱을 자르고
극야를 상상하며 다이에 낙서를 해요

날 선 밤은 습관적으로 찔리고

휘어지는 습성

우리의 시간은 왜 알맹이가 없을까

목형에 고갤 처박고 일주일 치 자의식을 확인해요

납득 안 되는 지구의 자전

느닷없는 기울기 공장장은 과감해져요 낙타의 등에서 물에 젖은 솜을 갖다 버려요 직원들은 재빨리 빈 박스를 들고 사다리를 타요

반대편으로 내려가요

하루가 빠져나가고
핏기 없는 얼굴마다
깊숙이 숨어든 낮은 조명

수제사들 잠들 때마다 백야는 인터폰을 눌러요

시작할 때보다 시작하기 전이 더 어둡죠

콘크리트를 푹 눌러쓴
경비가 새벽 안쪽을 살필 때

3시를 알아차리지 못한 시계

대기를 조금씩 조금씩 밀어내는 새벽

오로라를 심던 여공들
졸음이 턱 아래까지 늘어진 의자를
백야 뒤쪽으로 돌려요

밤마다 탈옥하는 계단
점진적으로 줄어드는

한겨울에 핀 그 꽃은 건강할까요

인형은 자라서

미용실에 가요 지난겨울에 맡긴 머리카락 찾으러

파마로도 가려지지 않는 탈모, 대개 틈은 뭉치거나 몰래 자라요

아무리 말해도 똑같은 가발을 주시네요

잔디인형이 아니거든요

책상에 앉아 마네킹에만 집중하는 나는 초조해요

빠진 머리칼을 서랍에 넣고 확실하게 닫아요

진짜와 가짜는 어떤 차이를 거쳤을까요

꽃은 꽃으로 자라고
머리는 순리대로 빠져요
컨베이어 벨트에서 가혹하게

이론적일 수 없는 것들 틈에서

음지
줄기
아침

참 아이러니하죠

눅눅해요 까칠해요 반짝여요 얽혀요 상처받아요

조건들이 완벽해져 가면
밤은 단어들을 끌고 안으로 들어가죠
안전하니까요

웅웅 벽이 울어도 식구들은 남 일처럼 여겨요

나무와 머리카락은 블랙홀에서 자라죠

뒤통수의 생리를 바꿀 수 있을까요

선 채로
빈 의자를 내려다보죠

밀짚모자론 불안을 가리지 못하지만
그저 말로써 위로가 될 때가 있어요

나는 아직 결혼 전이거든요

아우라가 사라진 모네

머리 긴 인형을 꺼내 들고 미용실로 가는 중이에요

아침은 소녀처럼 밝아 왔다

형광등 스위치가 올라갔다

잉크가 비었으므로
질긴 머리카락 하나라도 더 심어야 했다

왼쪽 엄지손톱 아래 바늘 촉이 붉었다

우울에서 쉽게 빠져나올 것 같지 않아
속살을 거꾸로 돌렸다

욱신거리는 현장을 마취할 방법은
주변을 더 꾹 누르는 일뿐

바늘 촉 빠진 손톱 밑
일렬로 앉는 통증이 전부였던 시절

아침은 목선을 타고 내려와 쇄골에 쌓이고
소녀들 낙모처럼 흩어진다

내일 또 내일

충무로 4호선 환승역 가파른 계단
취한 당신
주변은 휘청, 몰려든다

펜스 일사불란하게 사라지고
떠 있는 당신
세상으로 막 태어난 형광 불빛은 올라가지도 내려오지도 못하고 있다

앞뒤를 알 수 없는 어둠

속도가 철로에 뭉쳐 놓은 숨
가쁜 환상을 덜어낼 때마다 당신은 혼잣말을 반복한다

깊이와 높이를 알 수 없는 거리
이 넓이의 길이로 어디까지 갈 수 있을까

지상으로 올라온 흑백의 소음

철커덕철커덕

전동차가 불꽃 많은 레일을 달린다

불쾌한 골짜기

루이를 경악한다
울고 웃고 말하는, 흐물거리는 입술
이해를 구하지 않는다

아름답게 도래하는 루이여
우리는 각자의 표정으로 서로를 바라볼 뿐이지
감정을 노력한다 너는
주름으로 웃음을 적극적으로 실현한다

나도 노력한다, 미소를
얼굴 밖으로 표정을 밀어 올릴 때
밤과 밤의 주변처럼
너는 거의 검색되지 않는다

불쾌한 골짜기*에 불쾌한 기분이 있다
깊거나 높다

가라앉은 이팝나무 꽃잎들 세상의 유치들

명과 넝쿨이 먹어버린 숲길
젖은 기분에 빠져든다

발아래 입 벌린 루이
한 발 아슬하게 옮길 때마다 끈질기게 달려드는 소문
쏘인다, 영혼까지

너로 인하여 뛰어다니는 의심들
철가루와 뒤엉킨다

우리라는, 협의

---

*로봇에 대한 사람의 감정변화. 인간과 어설프게 닮을수록 오히려 불쾌함이 증가한다는 주장.

끝나지 않는 그만

앞치마 질끈 동여맨 소녀
목형 앞에 서성인다

저정낭 마지막 씨줄을 꺼내는
거미처럼
잠시 머뭇거린다

두 칸 뜨고 두 칸을 빼야 하는지
세 칸 뜨고 두 칸 빼야 되는지

코리아 통상–성도물산–봉림산업……

한 바늘 한 바늘이 부러진다

목형을 세워두고 돌아서는 발걸음
어제 같은 퇴근이다

유리 감옥

고신에서 일했다는 수경이는
스카라극장 앞에서 가발가게를 하고 있다

잠실에서 늘 밤을 새던 승연이는
위그피아를 운영 중이다

철 대문에 갇혀
철야를 하던 어린 여공들

이제는
도시의 시간을 감시한다

쇼룸

"올 시즌 신상은 노란 바람머리 커트입니다. D의 황금빛 스타일을 베꼈습니다."

야근 없는 수요일은 없던 일,
선적일까지 근무시간은 오로라의 변덕에 따를 것이다

세상을 향해 날아가고
당신을 향해 날아가고

황금빛 머리카락을 벗어버린 아름다운 외출, 지상은 들끓었다

가슴엔 노란 나비
머리엔 노란 가발

지하터널에도 폭풍우는 지나가고
황금빛 머리칼은 어디에도 없다

잡지에도 티브이에서도 인터넷에서도
수많은 D, 다이애나는 맹목적으로 날아다녔다

앤디 워홀은 밤새 복제되었다

사랑

1
오리온 포장 공장 청년들 점심시간에 민들레가 밟힌 좁고 긴 마당에서 공놀이를 했다 가발공장 아가씨들이 지나가면 물 빠진 저수지에다 얼개미를 들이대듯 그녀들을 향해 공을 몰았다

송사리 떼 흩어지듯 사라지는

고개 숙인 청년, 애먼 땅에 공을 높게 튕기는 것이었다

2
오전 내내 선적 박스를 공장 마당에 쌓고 있던 계장님

수돗가에서 손을 씻는다
난닝구로 얼굴을 닦는다

제모 반장 언니,

손목에 수건을 걸치고 기다렸다

3

가발공장 철문 오른쪽으로 돌아서면 마블 공장이 보인다 낡은 작업복을 입은 청년이 담장 없는 마당에서 작업 중이다 온종일 돌아가는 전기톱, 사람들이 지나갈 때마다 숨이 끊긴다 분진과 마블 커터의 비명, 마블 모서리를 깎는다 마스크도 없이 욕조를 갈고 닦는다

가발공장 아가씨가 손을 흔든다
장갑 낀 손으로 욕조 모서리를 쓱쓱 문지른다

잠시 따듯해지는 모서리

경계인

백무산의 시집을 읽어도
정과리의 평론을 읽어도
나는 왜 무감각한가

무엇이든 내 문제로 받아들이는 것
감각의 불구는 무엇으로부터 비롯되는가

알람 5분 전, 출입문 잠그는 시간이다 조금이라도 늦으면 맹렬했던 하루가 건물 안에 갇힌다 지상과 맞닿은 하늘에는 새벽 별이 이미 떠 있다 밤과 낮 구분 모르는 별들이 쌓인다

'갑'도 '을'도 아닌 스스로 치열한 경계인이
조세희론을 읽으면서 무감각할 수 있다니

나는 무엇에 길들어 분노할 줄 모르는가
내 감각은 무엇에 최적화되어 있는가

노동시를 읽으면서도

감성이 무뎌졌다면

그 죄 위에 더 포함할 나의 죄는 또 무엇인가

절규
— 기모노를 입은 카미유*

너의 목소리를 들려줘
캐리커처의 각진 소리를
너의 목소리를 들려줘
강렬한 자연의 평화로운 인상을
살롱에 걸리지 않은 외로운 소리를

너의 목소리를 듣고 싶어
아무 이유도 계산도 없는
신화도 종교도 역사도 아닌
너만의 소리를 들려줘
사랑에 들뜬 소년의 목소리를

그 소리를 들려준다면
나는 너를 안고 싶겠지
내 팔에 안긴 푸른 그림자를
나는 사랑하겠지

부채와 가발은 필요 없어

네가 튜브에 물을 섞지 않았다는 걸
나는 알지

박물관에 걸린 완벽한 전통을
소리 하나로 휘몰아칠 너만의 터치를
늦여름의 절정처럼 나는 원해
매끄러운 살롱은 치욕이야

분명 보이지만 보이지 않는
너의 소리

너만의 목소리를 들려줘

---

*모네의 아내 카미유는 당시 유행한 일본 전통 의상 기모노 입는 것을 너무나 싫어했지만, 모네는 생계를 위해 가발과 부채 기모노를 입혔다. 그 그림을 수단으로 생계를 이었다.

쿨럭쿨럭 CU

간신히 전철역 1번 출구

복권판매 입간판 세워진 CU 편의점 2인용 탁자

아무런 대답도 원하지 않는 질문처럼
이른 시간부터 자리 지킨 이유 있겠다

찬 공기를 걸친 이마가 흔들리고 있다

침 묻은 담배꽁초
바닥을 드러낸 막걸리병
흩어진 과자 부스러기들

버스에서 내리면 바로 보이는
손가락에 꽂힌 검은 재
간신히 한숨을 걸러내는 저 입술

이미 식은 건지

탁자 밑으로 툭 떨어지는 신문
쉽게 풀어지는 오전의 그림자

테이블은 시끄럽길 바랐다
시체가 구원인 구더기
바글바글 뭉개진 빵 덩어리

어떤 이력도 남기고 싶지 않았겠다

먼지에게도 사람에게도 자리 내어주는
햇볕 뽀송뽀송한 CU

숨죽어 다행이라고
비둘기 오종종 모여든다

발모벽*

습관적으로 머리카락을 뽑는다

진물 같은 어둠이 가슴에 흥건하게 둘러앉으면
슬픔은 부지불식 찌릿했다

학교에 가면서도 뽑고
수업 시간에도 뽑고
자습 시간에도 틈만 나면 뽑는다
교문 앞에서 친구 기다리는 아빠를 보고도 뽑고
돌아와 집에서도 뽑는다
동생들과 티브이를 보면서도 뽑고 또 뽑는다

언제부터인가 내 몸에서 자란 이 버릇
그리움을 걸었던 손가락마다 서러운 폐허
폐허가 사라진 자리 자꾸만 고이는 그리움

내 몸속에 사는 어미를 그리워하는 어린아이가 있다
이 아이와 동거한 많은 세월

병원에 병원문이 닳도록 드나들었던가

설움을 뽑았던 것이다
핏빛 그리움을 뽑았던 것이다
어미를 뽑았던 것이다

내 몸속에 사는 어머니를 그리워하는 어린아이를 그렇게 뽑았던 것이다

---

*발모벽: 자신의 털을 뽑으려는 충동을 억제하지 못해 반복적으로 머리카락을 뽑는 질환으로, 충동조절장애에 속함.

지구는 서둘러 가발을 쓰고

지구 껍데기가 자꾸만 벗겨지려고 하네요

뿌리 뽑힌 것들이 계곡을 헤매고 다녀요

구글 지도에서 세계 속 우리 동네를 찾아봐요

아저씨가 나팔꽃잎을 피우면 어쩌지요

괜찮아요, 내년에 다시 필 거니까요

머리 가죽이 들떠요

더는 태양을 견딜 수 없어요

머리에 나뭇가지를 이식해요

제3부

off

누군가는 멧돼지라 하고
누군가는 뱀이라 하고

자라고 날고 뛰고 속이고 짓밟고 뭉개고
이미지는 읽고 먹고 쓰고 덮는다

이것은 이것이 아니고 그것은 그것이 아니어서

이미지의 꼬리가 요들처럼 떨고 있다

마지막으로 보이는 비명
물방울처럼 부딪히는 요란한 언어들,

장면은 계속 바뀌고
소리는 여전히 off

들리지 않는다고 드러나지 않는가

수상한 알리바이

"우리는 형제를 사랑함으로 사망에서 옮겨 생명으로 들어간 줄을 알거니와 사랑하지 아니한 자는 사망에 머물러 있느니라"
—요한 1서 3장 14절

D는 철학적이지 신학적이야

아파트 신축 공사장에서 K가 18층 아래로 떨어졌어 수북이 쌓인 낙엽 위로 흩어진 K의 붉고 신선한 피가 낙엽의 척추로 흘러들었지 선혈이 이동하는 동안 S가 D에게 한 권의 책을 부탁했어 D는 단호하게 거절했지

썩게 내버려 두렴

낙엽을 바람에 씻어 그늘에 말렸어 링거줄처럼 부푼 척추가 꿈틀거렸지 낙엽을 들고 도서관으로 갔어 3층 인문관에는 아무도 없었어 『사람은 무엇으로 사는가』란 책을 꺼냈어 충무로 환승역에서 술 취한 청년을 도와준 적이 있었지 그때 그 청년이 길음역에서 하차하면서 내게 수줍게 건넨 책. 그날 일을 시로 썼는데 선생님은 지어낸 이야기라고 생각하는 것 같

앉아 꿈틀거리는 척추를 다독여 책갈피에 끼웠어 유골함을 올려놓듯 원래대로 책을 쑥 밀어 넣었지

바람이 그리운 날, D와 우리는 도서관에 갔어 문득 그 책이 생각났지 그 책을 꺼내 펼치자 낙엽 부스러기가 우수수 쏟아졌어 바스러진 낙엽과 뒤엉킨 혈관, 썩은 시취(屍臭)가 흥건하게 책장에 말라붙었지 바닥으로 떨어진 건 낙엽인지 페이지인지 잘 모르겠어 D는 검은 개처럼 냄새를 핥았지 아무 말도 하지 않았어 그날 이후 K가 죽었는지 살았는지 그건 중요하지 않았어 중요한 건 우리는 이미 알고 있었고, 그렇게 그 책을 덮었다는 사실이었지

동의

네가 다 봤잖아
본 대로 말해줘 제발
왜 입을 다무니

오! 그 애매한 표정

부부는 말하고 주치의 끄덕인다

칼날을 강요당하는 캐롤리
몸에 박힌 DNA

유리병에 한 방울 떨어뜨린 물감처럼
온몸으로 퍼지는 서늘

주치의는 파양을 처방한다

내려앉을 곳을 몰라
허공을 둥둥 떠다니는 식탁

섞이고 싶었다
속하고 싶었다

처음 외우는 주문처럼 러시아 인사를 되풀이한다
스펠링처럼 풀어지는 캐롤리

상처와 회복은 같은 말일까

포근히 안긴 아기를 내려다본다
TV가 입양한 캐롤리

나는 나를 응시한다

어느 소낙비 퍼붓던 하늘을 가만히 바라보듯

수미산

십이월,
마른 나뭇가지 위에 어미 새가 집을 짓는다
앙상한 바람 사이로
고집멸도(苦集滅道)의 지푸라기를 얹는다
하루 사흘 그리고 며칠,
바닥에서 퍼드덕거리는 아기 개똥지빠귀
모닥불이 훨훨 타고 있다
휘이 휘이,
나지막이 저 먼발치서 들리는
관세음보살 관세음보살
겨울 잎새 하나,
와불 와불 굴러다닌다

정전기

겨울은 온통 희고
당신의 말이 스칠 때 벌어지는 악몽들

햇살은 보이지 않았어
틈을 헤집고
건조 속으로 숨어들었지

보풀이 일어나 어제의 말이 엉킨다
끌어당기고 할퀴어 내팽개쳐진 조각들

빛이 고인 복도
내가 머물렀던 모든 곳

달라붙는다 달라붙는다
도깨비바늘처럼 달라붙는 햇살

우리는 우리만의 방식으로 시작하겠지

얼룩

얼룩으로 살아간다

얼룩말들이 달아나고 있다
가까이에서 봐도 멀리서 봐도
뼈만 남는 사바나에서 내 얼룩말도 태어났지

은하수 얼룩을 본 적 있다
누군가의 말이라면 내 안으로 아름답게 들어온, 얼룩은 가끔 나무속으로 흘러 새가 되거나 바람으로 태어난다

허리에 내리친 천둥 번개들, 쏟아지던 폭우

문지르면 드러나는 얼굴

가지 사이에서 검은 숨이 몰려온다

얼룩의 내용들이란 서로 속고 속이는 이상한 배려
문지르고 또 문지른다

얼룩은 일어나는 미열

버릴 수 없는 것을 버려야 경지에 닿을 수 있다
누군가 나의 낮과 밤을 마구 흔든다

불타는 카르텔

한 줌의 약을 삼키는 여자가 있다.
불탄 바람이 몸에 들어 영혼처럼 떠돌았다.

거칠게 숲이 탄다. 골짜기를 휘돌아 이 산 저 산 도깨비가 날아다닌다.

질펀한 손조차 쓰지 못한다. 미끄러질 줄 알면서 잡는다. 시커먼 토사를 줄줄 흘리는 너는 다른 곳을 보고 말한다.

그림자가 여자는 아니지만, 여자는 그림자야. 장마전선이 떠난 후 그녀는 목을 열고 울었다.

어느 날 자음도 모음도 활활 타오른다. 새로 태어난 텍스트. 송진의 더러운 뒷배.

그곳엔 이상한 사람들이 와 있었어.
까맣게 탄 것들을 좋아하는 사람들이라고 했어.
납골당의 연기가 생각났어.

지갑을 들여다보는 그들은 본인의 선택이 아니라는 듯 불쾌한 인상을 썼어. 소름이 돋았어.

불탄 자리 훤한 가지. 명과나무 도깨비바늘 하늘말나리 뿌리들. 자르고 뽑고 파헤치고 다시 묻고.

이 땅의 낮밤과 어울릴 수 없는 잔뿌리. 유골함을 굴리며 걸어 나오는 불탄 산비탈.

그림자는 손을 뻗어 잡목들이 올라오는 불탄 골짜기를 끌어안는다. 씨앗들이 우르르 쏟아진다.

한 줌의 약을 삼킨 여자.
구름은 자주 울었다.

카메라 옵스큐라*

소실점까지 거꾸로 세우는 저 재주

때로는 검은 상자에서 태어난 풍경이 더 아름답다

빛을 걷어낸 자연처럼
구조를 되찾은 모네처럼

상자 속에 갇힌 어둠은 모델만 남겨두고 여백을 삼킨다

마음조차 거꾸로 돌려놓는 저 네모난 어둠
살아남은 자를 붓으로 옮기고
거꾸로 세울 때까지 그녀는 정물일 뿐

몇 달 동안 물구나무선 그녀
외부와 차단된 채
뒤도 옆도 볼 수 없고
오직 앞만 바라볼 뿐

그곳에 갇히면 귀도 입도 사라진다
거꾸러진 세상을 똑바로 세우려 해도
네모난 어둠은 꿈쩍도 하지 않는다

상자를 세우면
빛이 두려운 사람들은 어둠에 갇힌다

---

* '어두운 방'이라는 뜻으로 밀폐된 상자에 구멍을 뚫어 바깥 사물이 사각의 벽에 거꾸로 비치는 현상.

사라진 풀

풀은 흐느끼지 않고
바람보다 먼저 일어나는 풀은 없더라

김수영 문학관에서
쓰러질 듯 눕고

나는 사라지고
겨울나무만 광대처럼 서 있더라

벽을 차지한 눈은
녹아 흐르지도 않고

발밑까지 쌓이지도 않고
나만 펑펑 내리고
북풍에 부딪히더라

백야 12시

사라진 풀숲에

텍스트만 누워 있더라

프리다 칼로

검은 옷걸이에 반팔 상의가
벗겨진 살가죽처럼 걸려 있다

별무늬 스팽글
가슴 한복판에 얼음 조각이 날카롭게 박혔다

이쪽에서 반짝이면 햇살 때문이고
저쪽에서 번득이면 그림자 때문인 것처럼

신의
의지만은 아니었을 거다

들떠 있던 당신에게 묻는다면
믿었던 그만큼이길 바란다면

그것은 더 큰 죄일까

마지막 남은 얼굴

수십 개의 대못이 박힌 햇살

숨을 쉬지 않는다

불구의 두께에도

좁은 논둑길 걸어가요

팔 없는 남자가 나무 위치를 알려주면
눈먼 남자는 낫을 들고 더듬더듬 나무줄기를 타요

잎사귀에서 햇볕이 먼저 떨어져요
땅바닥을 발로 모아요
잎사귀와 함께 빛나거나 따듯한 것을 품고 물가로 가요

우음도에 공룡같이
한 발 헛디딜 때도 생기는 아득한 절벽
오래 떨어지던 당신의 깃털

눈먼 남자에게 눈이 무겁듯이
발로 살아온 남자는 발이 무거워요

젓가락을 집자 국수는 길게 흘러내려요
수도꼭지를 돌릴 때 살모사처럼 휘어지는 호스

볼 수 없는 만질 수 없는 사람이
물과 함께 걸어가요

절리의 한 겹 같은 역사의 두께에도
있다와 있었다가 있을까요

새싹이 떠난 자리
두 사람 기도를 해요

신은 선천적인 듯 후천적이므로
지나간 것만 대답해요

쉿! 쉿! 쉿!

속울음이 넘칠 때
첫 실을 길게 뽑아내야 합니다
너무 반짝이면 위험해요
제발 돌아서는 순간 엉켜줘요
아득한 건 당연하지만
절대 비밀이에요
어둠을 칭칭 동여맨
일인용 빗소리
움츠린 벽과 함께 나지막이 흐느껴요
일요일엔 아주 잠깐 신앙을 갉아먹어요
기도 밖을 향한 촉수는 언제나 간절하답니다
잠실 혼자 연기하고
혼자 박수 치며
혼자 울어요
누가 안쪽을 궁금해할까요?

수국

남자는 마당에 비닐 온상 하나 만들었지
비좁은 심장을 밀어젖히고 철 지난 수국들의 발목을 심더군

향기에 취한 그는
수국에 숨어들어 수미상접을 요구했나 우기의 저수지처럼 자음을 빨아들인 가짜는 시인이 되었고 꿀을 취하는 라프족을 만나 큰 상을 수상하겠다는 각오라 말했지

—여보 여보 당신이 도와줘야지
어미 손을 놓지 않으려는 아이의 애처로운 눈빛으로 말했지

유익한 삶이라 생각했어

"시어는 하우스 안에서만 자라야 돼" 시인은 검은 발로 흙을 밟으며 윽박질렀네 물속에서 헤엄칠 줄 모르는 물고기처럼 수국은 괴로웠네

파도를 끌어당겨 꽃밭에 거름을 주었어
허겁지겁 배를 채우는 벌레들

라프족을 찾아 구름 뒤에 가려진 자오선에 긴 시상을 걸쳤지 올라서는 계단마다 색다른 별을 꽂았지만 이미 그곳엔 차가운 안개만 내렸어

어느 날 검은 입술과 함께 피던 소문,
수국의 일상은 송두리째 흔들리기 시작했지

실타래처럼 빽빽하게 뒤엉킨 누군가의 머리칼
알게 된 건 수억 년이 흐른 뒤였네

목장갑이 잘 어울린다며 수국에게 전지가위 쥐여주고

—네가 먼저 시작해
—네가 먼저 시작해

생각해 주는 듯 누군가 입을 열자
수국은 시를 변주하기 시작했네
분별없는 원주민은 구겨진 음표를 주어 터네

입안에서 엉킨 엇박자가 기도를 막네

시작은 수미상접
지구에서 폐기된 그 텍스트여야 했네

난만 같던 우박,
푼수처럼 휘날리는 폐허까지 숭고했으니

지금도 수국은 여전히 숭숭 뚫려 있네

패러독스

검정과 회색이 규정하지 않는 경계
검정이 저편에서 무엇인가 빙그레 떠올리면
회색은 이쪽에서 의심하며
시시때때로 흐릿한 질문을 동반한다
경계가 모호해지면서
유희에 진저리가 나면 시작되는 반란
살갗을 벗겨지도록 씻고
외출에 적합한 옷으로 갈아입는다
타협을 서두르지 마
검정 아닌 것은 교활한 마술사거든
태양을 암막 커튼으로 가리고
모든 것을 삼킨 뒤
컴컴한 대낮 같은 회색을 상상해 봐
불쾌하기 이를 데 없는 암흑의 발상지를
주인공으로 삼는 거야
사람들이 극장 속으로 몰려든다
회색의 짧은 한마디
네가 내 안에 서식한다면

내가 네가 될 수 있을까
검정도 회색도 아닌 안개 속에서
암막을 빠져나간다
회색은 검정 가면을 벗고
검정은 회색 가면을 벗는다
모두 퇴장, 무대엔 텅 빈 여백이 꿈틀거린다

글로리홀

크리스마스트리가 유행할 줄 전세기(前世紀) 인류는 알지 못했어요 벌목공은 카나리아해 비의 숲으로 들어가 어린 침엽수만을 벴지요 나무에는 바람이 걸리지 않았어요

침엽수 잎 사이에서
햇볕은 시원하게 쏟아지고
하늘하늘 가지를 흔들고 지나갔어요
때를 기다린 바닥, 낙엽을 밀고 올라오는 어린순들
양지에 얼굴을 비볐어요

손 닿는 곳은 어둠뿐
무지개는 걸리지 않았어요

물방울 하나가 숲을 이루던 날들이 있었어요 글로리아홀 밑으로 쏟아지던 그 많은 폭포수는 어디로 갔을까요

왜 무지개다리를 건너야 하지요 부러지는 색을 하나 추가할까요 검은색은 어떨까요 차라리 부사를 빼고 낭창낭창 걸어

볼까요 삭은 글로리홀은 어떤가요

머리칼 휘날리며 바닥을 향해 점프!

물감

검정이 역사를 떠올리면
회색은 빙그레 웃는다

지하철 차창에서 그는 비둘기를 잡으려고 한다

자폐는 혼자서 놀다
검은 옷으로 갈아입는다

무대 위에 긴 거울을 세운다

타협을 서두르지 마
대낮 같은 검정을 상상해 봐

불쾌하기 이를 데 없는 암흑을
주인공으로 삼는 거야

청년은 맥없이 쫓겨난 어둠을 뒤적이다
극장 밖으로 뛰쳐나간다

네가 내 안에 서식한다면
나는 네가 될 수 있을까

안개 암막을 끄집어내는 승객들
무대엔 텅 빈 거울과 꿈틀거리는

여백
극이 내린다

새로 고침

“생라자르 역”이 그려져 있는 에코백
바닥과 허공이 뒤섞인 꿈을 꾸고 있다

승차권은 매진

모니터가 신을 낚는 중이다

해설

불화하는 세계와 견딤의 미학

임지훈(문학평론가)

세계는 조화롭지 않다. 만약 세계가 진실로 조화로운 것이었다면, '조화'라는 단어는 존재할 필요가 없었을 것이다. 누군가는 '조화'라는 단어가 존재한다는 것, 그건 역설적으로 이 세계가 조화롭지 않음을 의미한다고 말한다. 우리가 세계를 살아가며 마주하는 무수한 불일치와 역설, 부조리와 불화로부터 역으로 추출해 낸 이상적인 상상에 붙여진 이름, 그것이 바로 '조화'라는 것이다. 그러한 의견에 따르자면 세계의 근본은 '조화'와 '합일'이 아니라 '불화'와 '불일치'인 셈이며, 그렇기에 우리는 부조리한 현실로부터 이상적인 세계로서의 '조화'를 꿈꾼다고 할 수 있다.

우리는 이와 같은 견해가 세계의 근본원리로서 뿐만 아니라 그보다 작은 범주의 체계 속에서도 동일하게 작동하는 것을 목격하곤 한다. 가령 '언어'를 생각해 보자. 모든 언어는 표면적으로 바라볼 때 하나의 '의미'를 지시하기 위해 체계화된 구조를 전제하고 있는 것처럼 보인다. 하지만 이러한 구조 또한 언어를 구성하는 개별적인 형태소 사이의 차이, 개별적인 불일치를 전제할 때만 가능하다. 모든 형태소는 서로의 차이를 기반으로, 그 사이에 존재하는 불일치를 통해 기능하며, 우리는 그 차이를 통해 각각의 개별적 의미를 인식한다. 예컨대, 그와 같은 최소한의 차이와 불화가 없다면 어떠한 언어적 의미도 존재할 수 없는 것이다. 그러한 의미에서 언어를 기능하게끔 하는 근본 구조 또한 '조화'와 '합일'이 아니라 '차이'와 '불화'라고 말할 수 있을 것이다.

이러한 사유를 인식론의 차원으로 확장시켜 보자면, 차이와 불화란 모든 사물을 각각의 개별적인 것으로 인식하고 사유할 수 있도록 하는 근간이라 할 수 있다. 이는 인간의 인지에서도 마찬가지로 나타나는데, '세계'라는 이름으로 뭉쳐 있는 사물들의 집합에서 인간은 그 사이에 존재하는 불일치를, 그로 인한 사물 사이의 차이를, 그것들의 조합에서 존재하는 불화를 감각하며 개별 사물들을 한 덩어리로부터 찢어내 개별적인 것으로 감각한다. 우리가 어떤 사물들의 조합으로부터 조화로움을 감각하는 것은 그 이후의, '세계'라는 이름의 한 덩어리의 대상을 각각의 것으로 잘게 찢어낸 후에서야 가능하다. 부연하자면 개별적으로 나뉘고 찢겨진 사물들이 만들어 내는 불화의 형상으로부터 어떤 미적 감각을 추출해 내는 것, 그것이 우리가 '조화'라 말하는 감각의 실체라 할 수도 있을 것이다.

시집의 해설에 앞서 이처럼 세계의 근본 구조로서의 불화와 불일치에 대해 말하는 까닭은 너무나도 많은 시인들이 조화라는 감각을 하나의 미적 윤리로 손쉽게 승인하고야 마는 현실 때문이다. 자신의 작품이 나아갈 바를 찾기 위해 미적·언어적 분투를 행하는 대신, 조화를 암시하는 상투적인 시구를 제시하는 작품들이 너무나도 많다. 조화란 무엇인지, 그 감각을 추인하고 미적 윤리로 승인하고자 하는 까닭이 무엇인지에 대한 시인으로서의 개별적 고민 없이 이루어지는 이러한 시작(詩作) 행위는 그렇기에 상투적일 수밖에 없으며, 개별 사물들의 차이를 무화시키는 동일성의 폭력으로 귀결될 위험에 손쉽게 노출된다.

그러한 의미에서 홍서연의 시집 『당신은 A형 나는 BB형』은 시작에 있어 보다 근본적인 분투의 자세를 보인다는 점에서 주목을 요한다. 화자와 개별적으로 배치된 사물들은 '조화로운' 하나의 소실점을 향해 한데 나아가는 것이 아니라, 그 자체의 근본적인 차이가 극대화되는 방향으로 나아간다. '조화'를 하나의 시적 귀결로써 생각하는 여타의 작품들이 원근법적인 구도를 지향한다면, 홍서연의 시는 개별 사물들의 충돌과 이미지의 불화를 극대화시키는 초현실주의적인 구도에 가깝다고 할 수 있다. 그러니 지금 이 시집을 손에 쥐고 있는 당신이 각각의 작품들로부터 끊어지고 충돌하며 그 사이에서 파편화된 감각들을 느끼며, 그로부터 손쓸 도리 없는 유한한 주체의 한계로부터 기원하는 슬픔을 느꼈다면 그건 당연한 일이라고 할 수 있다. 가령 시집의 제목에서부터 이 감각은 도드라지고 있는데, 해당 시구가 활용된 표제작이라 할 수 있는 「흑백 포인세티아」를 통해 그 감각을 추적해 보도록 하자.

> 기억해요 엄마언니?
> 햇볕 가득한 날 그늘을 가리고 대문을 닫았지요
>
> 당신은 A형 나는 BB형
>
> 고치에서 나온 나방을 다시 고치 안으로 집어넣는 장면을 봤어요
>
> 당신의 유언을 유행가 후렴처럼 반복하는 동안
> 텔레비전 속 장례식장
> 울 수도 없는 너는
> 서슬 퍼런 칼날 위에 서 있어요
> 쓰윽 살 속을 긋고 가요

가식과 기만, 호응과 부추김, 유산에 담긴 혀, 몸 안에서 녹아내릴 납덩어리, 자석의 없는 극, 당신의 목에 걸린 돌멩이

포인세티아
당신은 A형 나는 BB형

수요일은 심리 상담 받으러 가는 날
책상 위에 인형을 올려놓고 하고 싶은 말을 하래요

—왜 그랬어
니체와 부처와 지인에게 비수를 날리는 혀
저열한 우주에서 추락한 벨레로폰의 오만

아프지 않을 거예요
자승자박인걸요
사악한 생각부터 태워요

부피 줄이며 겹겹이 달라붙은 곡소리

포인세티아

당신은 A형 나는 BB형

겁내지 말고 주위를 살펴요 눈이 멀고 절름발이가 되어도 영혼의 고통은 지워지지 않아요 당신의 속을 뻔히 알고 있지만 말을 안 할 뿐이래요 이제야 철학자의 농담을 이해하다니

눈을 감는 편이 낫겠어요

나는 고독이 의심되는 내담자

미더운 이름이 떠오르지 않아요

저승이 이처럼 단순할 수 있다니

플래시가 터져요

상담 결과

당신은 A형 나는 BB형

—「흑백 포인세티아」 전문

시집의 표제작이라 할 수 있는 「흑백 포인세티아」는 그 제목에 활용된 '흑'과 '백'이라는 표현처럼 이항 대립적인 구도가 두드러지는 작품이다. '엄마언니'와 '나', 'A형'과 'BB형', '칼'

과 '살'처럼 두 개의 단어가 짝지어지는 가운데 이러한 시어들이 하나의 범주로 셈해지는 것이 아닌 그 사이에 존재하는 차이를 극대화시킴으로써 시적 긴장을 만들어내고 있다. 그러나 이와 같은 긴장은 '내담'이라는 상황을 통해 파열에 이르지는 않는 선에서 통제되고 있다. 하지만 역설적으로 이와 같은 상황은 '내담'이 종료됨에 따라 언제든 파열에 이를 수 있다는 서스펜스를 형성하기도 한다. 화자의 진술은 팽팽하게 당겨진 이 서스펜스적 긴장을 튕김으로써 부분적이면서 보다 실체적인 긴장감을 파생시키고 있다.

특히 흥미로운 것은 화자가 자신과 당신을 가리켜 "당신은 A형 나는 BB형"이라고 진술하는 부분이다. 혈액형에 따른 분류라는 같은 범주를 통해 서로의 차이를 부각시키면서도, 자신의 분류를 B형이 아닌 'BB형'이라는 규격 외의 자리에 놔둠으로써 그 차이를 수습 불가능한 수준으로 벌어지게 만든다. 다른 말로 하자면, 이는 화자가 자신의 위치를 일정한 상징적 구조 바깥에 존재하는 것으로 감각하고 있음을 나타내는 것으로, 화자가 놓인 상황과 발화의 위치에 대한 자기 인식을 알려주는 것이라 할 수 있다. 즉, 화자에게 내속된 차이란 동일한 범주 내에서의 차이를 아득히 뛰어넘는 것으로서 도저히 하나의 집합으로 셈해질 수 없는 자신의 존재론적 차이를 진술하는 것이다.

어쩌면 이와 같은 존재론적 차이가 이 시집에서 더러 반복되고 있는 시적 주체의 슬픔의 근원적인 이유인지도 모른다. 대개의 시에서 이와 같은 존재론적 차이는 대상이 지닌 신성함 혹은 숭고함을 표현하기 위해 사용된다. 즉, 존재의 질적 차이를 통해 그 대상이 인간 이상의 존재임을 암시하는 것이다. 그러나 이 시집에서 화자의 이와 같은 질적 차이는 그가 지닌 신성함이나 숭고함을 표현하기 위해 사용되지 않는다. 오히려 이와 같은 차이는 화자가 이 세계의 정상 범주에 속하지 못하는 까닭을 설명하는 동시에 자신이 경험하는 슬픔과 고통이 세속적인 이유로부터 인한 것이 아닌 존재론적 차이로부터 기인함을 설명한다. 그러한 의미에서 화자가 놓인 '세계'란 화자의 '차이'를 긍정하지 않는 배타적인 공간이며, 한 사회 내의 구성원으로 셈해질 수 없는 존재를 좀처럼 용인하지 않는 잔인한 공간인 셈이다.

> 네가 다 봤잖아
> 본 대로 말해줘 제발
> 왜 입을 다무니
>
> 오! 그 애매한 표정
>
> 부부는 말하고 주치의 끄덕인다

칼날을 강요당하는 캐롤리
몸에 박힌 DNA

유리병에 한 방울 떨어뜨린 물감처럼
온몸으로 퍼지는 서늘

주치의는 파양을 처방한다

내려앉을 곳을 몰라
허공을 둥둥 떠다니는 식탁

섞이고 싶었다
속하고 싶었다

처음 외우는 주문처럼 러시아 인사를 되풀이한다
스펠링처럼 풀어지는 캐롤리

상처와 회복은 같은 말일까

포근히 안긴 아기를 내려다본다
TV가 입양한 캐롤리

나는 나를 응시한다

어느 소낙비 퍼붓던 하늘을 가만히 바라보듯

—「동의」 전문

이와 같은 파열과 간극의 미학은 특정 시편에 국한되지 않고 시집 전반에 걸쳐 반복된다. 중요한 것은 이 간극이 단순한 혼란이나 무질서의 결과가 아니라, 화자가 세계를 감각하는 근본적인 방식이라는 점이다. 다시 말해, 이 시집에서 이미지들이 충돌하고 의미들이 쉽게 봉합되지 않는 이유는 시적 기교의 차원이 아니라, 화자가 세계에 속하지 못한 채 세계를 바라보고 있다는 존재론적 조건에서 기인한다. 이 조건은 '캐롤리'라는 가상의 인물과 입양이라는 문제를 통해 가족사적 문제를 풀어내고 있는 「동의」라는 작품에서 더욱 분명하게 드러난다.

이 장면에서 '식탁'은 본래 공동체적 공간, 즉 함께 먹고 말하고 관계를 맺는 장소를 상징한다. 그러나 이 시에서 식탁은 "내려앉을 곳을 몰라/허공을 둥둥 떠다니"며, 더 이상 공동체의 중심으로 기능하지 못한다. 이는 화자가 세계와 맺고자 하는 관계의 실패를 사물의 상태로 전이시킨 결과다. 특히 "섞이고 싶었다/속하고 싶었다"라는 고백은 소속 욕망의 직접적인 진술이지만, 이 욕망은 결코 충족되지 않는다. 왜냐하면 앞서 살펴본 바와 같이, 화자는 동일한 범주 안에서의 차이가 아니라 범주 자체에 포섭될 수 없는 존재론적 차이를 감각하고 있기 때문이다. 이때 "상처와 회복은 같은 말일까"라는 질문은 단순한 회의가 아니라, 이 시집의 윤리적 핵심을 건드린다. 일반적으로 상처는 회복을 향해 나아가는 과정의 일부로 이해되지만, 이 시집에서 상처는 회복으로 전화되지 않는다. 오히려 상처는 화자가 세계와 관계 맺는 유일한 방식이며, 회복이라는 개념은 상처를 지워버리기 위한 또 하나의 규범적 언어로 의심받는다. 따라서 이 질문은 치유의 가능성을 묻는 것이 아니라, 치유라는 개념 자체가 화자의 삶에 적용 가능한가를 되묻는 급진적인 문제 제기라 할 수 있다.

이러한 문제의식은 이미지 배열 방식에서도 반복된다. 홍서연의 시에서 개별 사물들은 서로를 보완하거나 조화롭게 엮이지 않는다. 오히려 각 사물은 자신의 질량을 유지한 채 서로를 밀어내며, 그 사이에서 의미의 공백과 긴장이 발생한다. 이는 앞서 언급했듯, 원근법적 구도, 모든 요소가 하나의 소실점을 향해 수렴하는 구조를 거부하는 태도다. 대신 이 시집은 개별 사물들이 동일한 평면 위에서 충돌하며 공존하는, 일종의 초현실주의적 배열을 통해 사물들의 새로운 관계를 형성한다. 그러나 이 초현실성은 무의식의 자유로운 유희라기보다, 봉합 불가능한 현실을 감각하는 방식에 가깝다. 이러한 배열의 윤리는 「발모벽」에서 특히 또렷해진다.

습관적으로 머리카락을 뽑는다

진물 같은 어둠이 가슴에 홍건하게 들러앉으면
슬픔은 부지불식 찌릿했다

학교에 가면서도 뽑고
수업 시간에도 뽑고
자습 시간에도 틈만 나면 뽑는다
교문 앞에서 친구 기다리는 아빠를 보고도 뽑고
돌아와 집에서도 뽑는다
동생들과 티브이를 보면서도 뽑고 또 뽑는다

언제부터인가 내 몸에서 자란 이 버릇
그리움을 걸었던 손가락마다 서러운 폐허
폐허가 사라진 자리 자꾸만 고이는 그리움

내 몸속에 사는 어미를 그리워하는 어린아이가 있다
이 아이와 동거한 많은 세월
병원에 병원문이 닳도록 드나들었던가

설움을 뽑았던 것이다
핏빛 그리움을 뽑았던 것이다

어미를 뽑았던 것이다

내 몸속에 사는 어머니를 그리워하는 어린아이를 그렇게 뽑았던 것이다

—「발모벽」 전문

이 시에서 반복적으로 등장하는 '뽑는다'라는 행위는 상처를 제거하기 위한 시도가 아니다. 오히려 그것은 상처를 지우지 못한 채, 동일한 지점으로 되돌아오는 반복 강박의 형식이다. 이때 머리카락은 단순한 신체 일부가 아니라, 애도되지 못한 슬픔이 주체의 몸에 여전히 들러붙어 있음을 암시하는 신체의 매달린 자리다. 이때에도 반복은 끝내 회복으로 나아가지 않는다는 점이 중요하다. 상처는 극복의 대상이 아니라, 화자가 세계와 관계 맺는 유일한 방식이기 때문이다. 그러한 의미에서 이 작품을 비롯해 상처를 노래하고 있는 시는 반복을 미화하지도, 병리적으로 단죄하지도 않는다. 대신 반복이 발생하는 조건 자체를 드러냄으로써 다음과 같은 사유를 드러낸다. 즉, 불화란 사건이 아니라 구조이며, 병증이 아니라 세계와 주체 사이의 관계 맺기의 지속적인 형식이다. 이와 같은 불화의 구조는 「가발과 중력」에서도 다른 방식으로 반복된다.

가발은 햇볕이 들어오면 죽는다
어두워야 드러나요

어둠은 중력이지요

중력은 벗겨지지 않는 가발
가발은 벗겨지는 중력

머리가죽은 어두운 뇌에 달라붙어 있다

가발은 블랙홀을 빙빙 돌고

—「가발과 중력」 전문

여기서 '가발'과 '중력'은 서로를 비추는 은유적인 관계로 작동하지만, 끝내 하나의 의미로 수렴되지 않는다. 중력은 삶을 지탱하는 필연적 조건이지만, 동시에 화자를 특정한 위치에 고정시키는 억압적 힘이다. 반대로 가발은 결핍을 감추는 보호막이지만, 가장 사소한 조건 변화에도 무너지는 불완전한 장치다. 이 두 이미지가 완전히 겹쳐지지 않은 채 서로를 미끄러지는 이유는, 화자가 경험하는 세계가 안정과 보호의 언어로 설명될 수 없는 상태이기 때문이다. 이 시에서 중요한 것은 어느 쪽이 더 '진실'인가가 아니라, 어느 쪽도 화자의 삶을 온전히 설명하지 못한다는 사실 그 자체다.

이처럼 『당신은 A형 나는 BB형』에서 반복되는 불화의 장면들은 개별적 상처의 나열이 아니라, 세계가 작동하는 방식, 분류하고, 진단하고, 봉합하고, 조화를 승인하려는 방식과 화자의 존재 방식 사이에서 발생하는 근본적인 어긋남을 가시화한다. 그렇기에 이 시집의 슬픔은 감정의 과잉이 아니라, 세계에 속하고자 하나 끝내 속할 수 없는 주체가 감각하는 존재론적 불일치의 정서라 할 수 있다. 이러한 불일치를 미적 차원에서 성급하게 '조화'로 봉합하지 않는다는 점, 그리고 그 불화를 끝까지 유지한 채 언어로 조직해 낸다는 점에서 홍서연의 시집은 동시대 시단에서 드물게 불화 자체를 윤리로 삼는 시적 태도를 보여준다. 이 시집에서 시는 세계를 화해시키는 장치가 아니라, 화해되지 않는 세계를 끝까지 견디며 사유하는 형식이다. 그리고 바로 그 지점에서, 이 시집은 '조화로운 시'를 넘어서는 또 하나의 시적 가능성을 우리 앞에 제시한다.

『당신은 A형 나는 BB형』이 동시대 시단에서 갖는 가장 중요한 의미는, 이 시집이 '조화'라는 미적 귀결을 끝내 승인하지 않는다는 점에 있다. 이 시집에서 불화는 극복되어야 할 장애가 아니라, 세계와 주체가 관계 맺는 가장 정직한 방식으로 제시된다. 시는 불화를 해소하지 않으며, 조화로운 통합으로 나아가지도 않는다. 오히려 홍서연의 시는 불화가 발생하는 지점을 언어의 표면 위에 그대로 노출시키고, 그 균열을 봉합하지 않은 채 유지한다. 이 태도는 미학적 선택이기 이전에, 분명한 윤리적 입장이라 할 수 있을 것이다.

오늘날 많은 시들이 상처와 고통을 다루면서도, 결국에는 화해·치유·연대·회복이라는 이름의 조화로운 결말을 요청받는다. 이러한 요청은 종종 선의의 형태를 띠지만, 동시에 세계가 지닌 구조적 불화와 존재론적 차이를 서둘러 무화시키는 폭력으로 작동하기도 한다. 홍서연의 시는 바로 이 지점에서 한 발 물러선다. 이 시집의 화자는 "섞이고 싶었다/속하고 싶었다"(「동의」)라고 말하면서도, 끝내 섞이지 못하고 속하지 못한 채 남는다. 그러나 이 남겨짐은 실패나 결핍의 징표가 아니라, 성급한 동일화에 저항하는 주체의 위치로 재배치된다. 가발과 머리가죽, 중력과 절벽, 공장과 상담실, 신앙과 기술의 이미지들이 끝내 하나의 의미망으로 통합되지 않는 이유도 여기에 있다. 이 시집에서 사물들은 서로를 보완하지 않고, 의미들은 매끄럽게 이어지지 않는다. 그 대신 개별적인 것들은 자신의 차이를 끝까지 유지한 채 충돌하고, 그 충돌 속에서 시는 발생한다. 다시 말해, 이 시집의 미학은 '조화로운 세계를 그리는 기술'이 아니라, '조화되지 않는 세계를 견디는 형식'인 셈이다. 이러한 불화의 미학은 동시대적 맥락에서 더욱 중요한 의미를 갖는다. 효율과 투명성, 가시성과 설명 가능성이 미덕으로 승인되는 사회에서, 이해되지 않는 것·분류

되지 않는 것·회복되지 않는 것은 빠르게 제거되거나 주변화된다. 『당신은 A형 나는 BB형』은 이 흐름에 맞서, 분류 불가능한 BB형의 자리를 끝까지 고수한다. 이 시집에서 시는 이해를 강요하지 않으며, 독자에게 공감의 즉각성을 요구하지도 않는다. 대신 시는 불편한 상태, 미결의 상태, 이름 붙일 수 없는 상태를 지속시키며 묻는다. 과연 모든 것은 이해되어야 하는가, 모든 상처는 회복되어야 하는가, 모든 불화는 조화로 귀결되어야 하는가에 대해서 말이다.

결국 홍서연의 시가 제안하는 것은 새로운 조화의 형식이 아니라, 조화를 유예하는 태도다. 이 유예는 무책임한 방기가 아니라, 차이를 지우지 않겠다는 결단에 가깝다. 불화를 제거하지 않고, 그것을 견디며 말하는 것. 세계와 화해하지 않으면서도 세계를 포기하지 않는 것. 바로 이 지점에서 『당신은 A형 나는 BB형』은 동시대 시가 가질 수 있는 하나의 중요한 가능성을 보여준다. 그것은 불화의 미학이 곧 타자를 지우지 않는 윤리, 그리고 세계를 성급히 봉합하지 않는 사유의 형식이 될 수 있다는 가능성일 것이다. 그런 의미에서 이 시집이 끝내 우리에게 남기는 것은 조화로운 세계의 이미지가 아니다. 대신 이 시집은 불화 속에서도 가능한 '말'이 존재한다는 사실, 그리고 그 말이야말로 오늘의 시가 감당해야 할 가장 근본적인 책임일 수 있음을 조용히, 그러나 단단하게 증명해 보이고 있는 것이다.

시인동네 시인선 270

당신은 A형 나는 BB형

ⓒ 홍서연

초판 1쇄 인쇄 2026년 1월 22일
초판 1쇄 발행 2026년 1월 29일

지은이 홍서연
펴낸이 김석봉
디자인 헤이존
펴낸곳 문학의전당
출판등록 제448-251002012000043호
주소 충북 단양군 적성면 도곡파랑로 178
전화 043-421-1977
전자우편 sbpoem@naver.com

ISBN 979-11-5896-746-8 03810